정재승 글

KAIST에서 물리학으로 학사, 석사, 박사 학위를 받았습니다. 예일대학교 의과대학 정신과 박사후 연구원,
고려대학교 물리학과 연구교수, 컬럼비아대학교 의과대학 정신과 조교수를 거쳐,
현재 KAIST 바이오및뇌공학과 교수로 재직 중입니다. 우리 뇌가 어떻게 선택을 하는지 탐구하고 있으며,
이를 응용해서 로봇을 생각만으로 움직이게 한다거나, 사람처럼 판단하고 선택하는 인공 지능을
연구하고 있습니다. 쓴 책으로는 《정재승의 과학 콘서트》(2001), 《열두 발자국》(2018) 등이 있습니다.

차유진 글

과거 엄청난 사건으로 엉망이 되어 버린 아우레를 어떻게 하면 멋진 행성으로 되돌릴 수 있을까,
매일 고민하는 걱정쟁이 소설가. 계원예술대학교와 한국콘텐츠진흥원 등에서 스토리 작법을 가르쳤고,
〈레너드 요원의 미스터리 보고서〉 시리즈를 기획했습니다. 〈애슬론 또봇〉, 〈정글에서 살아남기〉,
〈엉뚱발랄 콩순이와 친구들〉 등 다수의 TV 애니메이션 시나리오를 쓴 건 비밀 아님. 《알렉산드로스,
미지의 실크로드를 가다》(2012), 《우리 반 다빈치》(2020) 등 여러 권의 책을 펴냈습니다.

김현민 그림

일찍이 유럽으로 시장을 넓힌 대한민국의 만화가. 대학에서 산업디자인을 전공한 뒤 어릴 때 꿈을 찾아
만화가가 되었습니다. 프랑스 앙굴렘 도서전에 출품한 것을 계기로 프랑스 출판사에서 《Archibald
아치볼드》라는 모험 만화를 만들고 있습니다. 인간이 아닌 괴물이나 신기한 캐릭터 등 상상력을 발휘할
수 있는 그림을 좋아합니다. 지구와 아우레를 오가며 재미있는 그림을 그리느라 몸은 지구에서 벗어날 수
없지만, 머릿속은 항상 우주의 여행자가 되고 싶은 히치하이커.

백두성 감수

고려대학교에서 지질학으로 학사, 고생물학으로 석사 학위를 받고 박사 과정을 수료했습니다.
2003년 서대문구 자연사박물관 건립부터 함께하며 학예사로 활동하였고, 2013년부터는
전시교육팀장으로 지질 분야 전시 및 교육, 표본 수집을 하고 광물과 화석에 대한 기획전을 개최했습니다.
도서관 과학 강연 "10월의 하늘"을 통해 오랜 시간 대중에게 과학을 알려 왔고, 다수의 어린이책을
감수했습니다. 현재는 노원천문우주과학관의 관장으로, 지구와 우주의 역사를 연구하고 있습니다.

어린이를 위한 호모 사피엔스 뇌과학

3 달려라, 호모 에렉투스!

글 차유진 정재승 | 그림 김현민 | 감수 백두성

아울북

펴내는 글

《인류 탐험 보고서》를 시작하며

시간 여행으로 지구의 과거들을 넘나들며 좌충우돌 탐험하는 라후드와 라세티의 매력 속으로

《정재승의 인간 탐구 보고서》, 재미있게 읽고 있나요? 아우레 행성에서 온 아우린들과 함께, 우리 '인간'들을 잘 관찰하고 있지요? 외계인의 눈으로 인간을 탐구하는 세상의 모든 독자 여러분들께 머리 숙여 진심으로 감사드립니다. 꾸벅.

많은 독자들이 《인간 탐구 보고서》를 읽고 또 즐겨 주시면서 라후드의 인기가 점점 치솟고 있습니다. 아우레 행성의 외계문명탐험가 라후드는 볼수록 매력적입니다. 빨리 걷는 건 너무 싫어하고요, 그냥 가만히 앉아서 생각하는 것을 훨씬 더 좋아하죠. '인간들은 참 이상하다'고 투덜거리면서도, 항상 인간에 대한 호기심으로 가득 차 있고 심지어 인간들을 점점 닮아갑니다. 이미 입맛은 거의 지구인일걸요! 게다가 매사 합리적인 아우린이지만, 점점 감정적인 인간들에게 조금씩 끌리는 것도 같습니다. 이 덩치 큰 허당 외계인 라후드는 인간을 관찰하면서 인간들을 더 깊이 이해하고 결국 사랑하게 되지 않을까 조심스럽게 기대하게 되는, 정이 가는 외계인입니다.

라후드의 조상을 만나다

그래서 저희가 라후드를 사랑하는 독자분들을 위해 '선물'을 드리는 마음으로《인류 탐험 보고서》를 출간하게 됐습니다. 아우레 행성의 탐험가들은 어떻게 해서 우리 곁에 오게 됐는지 그 과거로의 여행을 보여 드리고자 합니다. 원래 아우레는 인공 항성을 만들어 에너지를 얻고 공간을 관통하는 웜홀도 자유자재로 생성해 내어 다른 은하계까지 마음대로 여행할 수 있을 만큼 놀라운 문명을 가지고 있었거든요. 그런데 지구에서 데려온 생명체 '쿠'라는 녀석 때문에 한순간 아우레 행성은 멸망의 위기에 빠지고 말죠. 결국 아우레를 구하기 위해 라후드의 조상 라세티는 300만 년 전 지구로 떠나게 됩니다.

수만 년 전 혹은 수백만 년 전, 지구는 어떤 모습이었을까요? 그 속에서 인류의 조상들은 어떻게 살고 있었을까요? 외계인들도 신기하지만 그 시기의 인간 조상들도 매우 낯설게 느껴지겠지요?《인류 탐험 보고서》에서는 원시적인 인류의 조상 호미닌들을 만난 최첨단 시간여행 탐험가 아우린들의 흥미로운 모험담이 펼쳐집니다.

뇌과학에서 생물인류학으로

《인간 탐구 보고서》에서 아우레 탐사대와 함께 지구인들을 관찰하면서 뇌과학의 정수를 맛보고 계신 독자분들께 이번에는 '생물인류학'을, 좀 더 정확하게 말하자면 '고고신경생물인류학'이라는 학문을 소개하려고 합니다. 라후드의 조상 라세티가 우주선을 타고 시간 여행을 하면서 지구에서 만나게 되는 건 지금의 우리가 아니라 우리의 조상들이니까요.

이 책에선 라후드의 조상만이 아니라 우리의 조상들이 등장합니다. 지금의 인간이 아닌, 수만, 수십만, 수백만 년 전의 호미닌(Hominin, 현생인류 혹은 현생인류와 가까운 근연종들을 일컫는 말)은 어떤 뇌를 가지고 있었으며, 어떻게 진화해 지구에 생존하게 됐는지 뇌과학적이면서도 인류학적인 관점에서 보여 드릴 겁니다. 또 신경생물학적인 원리들을 이용해서 인류의 과거를 머릿속으로 '상상'해 내는 과정을 여러분들에게 직접 보여 드릴 거예요. '고고신경생물인류학'이라니, 이름만 들어도 무지 어렵고 복잡하고 무시무시해 보이지만, 실제로 이 학문을 통해서 우리는 수만 년 전의 인간이 어떻게 살았는지에 대해 흥미로운 답을 찾아낼 수 있습니다.

역사를 좋아하는 어린이들과 청소년들에게 상상력을!

《인류 탐험 보고서》는 뇌과학을 좋아하는 어린이들만이 아니라 역사를 좋아하는 청소년들까지도 즐길 수 있는 책일 거라 확신합니다. 역사는 인문학이고 과학과는 상당히 멀게 느껴지지만, 사실 역사야말로 굉장히 과학적인 학문이에요. 역사적인 사료나 그 시기의 작은 단서들만으로 인류 조상들이 수만 년 전에 어떻게 살았는지 머릿속으로 상상하고 역사적인 사실을 복원해 내거든요. 그러기 위해서는 그 시절에 사용했던 그릇 하나로 그 시대 사람들의 일상을 추적하는 과학적인 사고가 매우 필요합니다. 그래서 저는 '생물인류학'이야말로 그 어떤 학문들보다도 근사한 과학이라고 생각합니다. 여러분들이 이 책을 통해 그 과학의 정수를 맛보았으면 좋겠습니다.

이 책에 등장하거나 묘사되는 인류 조상들의 모습은 우리가 정답처럼 받아들여야 하는 절대적인 사실 혹은 진리가 아닙니다. 현재 남아 있는 뼛조각, 두개골의 모양, 그리고 그들이 남겨 놓은 유적과 유물, 이런 작은 단서만으로 "그 당시 인류는 이렇게 살았을 것이다."라고 추측한 것일 뿐입니다. 잘못된 부분이 있다면 여러분들이 고쳐 주세요. 오늘날의 과학 수사대가 사건 현장의 단서만으로 범인을 추적하는 것처럼, 여러분들 모두가 생물인류학 '탐정'이 돼서 과거 조상들을 머릿속으로 그려 보고 중요한 단서들을 해석해 주세요. 저는 그 상상력의 힘이 여러분들을 훌륭한 과학자의 길로 인도하리라 믿습니다.

우리는 어디서 왔을까? 우리 문명은 어떻게 가능했을까?

최근에 뇌과학자들은 우리 인간들과 다른 유인원들 사이의 흥미로운 차이점을 발견했습니다. 우선 놀랍게도, 두세 살 정도의 어린 시절에 우리 인간들은 대형 유인원들, 그러니까 오랑우탄이나 침팬지, 고릴라 같은 존재들과 지능적으로는 별로 차이가 없다는 것입니다. 그들도 우리 못지않게 지능적으로 발달해 있고, 우리만큼 여러 가지 지적인 행동들을 한다고 합니다.

그렇다면 어떻게 우리는 이렇게 거대한 지적 문명을 이루고 복잡한 현대사회를 만들어 냈을까요? 또 호모 네안데르탈렌시스나 호모 에렉투스, 호모 하빌리스 같은 우리의 가까운 친척들은 왜 지금까지 생존하지 못하고 모두 멸종했을까요?

이 질문에 단서를 찾기 위해서는 과거 호모 사피엔스들의 뇌가 대형 유인원들과 무엇이 달랐고, 또 이미 멸종한 다른 호미닌들과는 무엇이 달랐는지를 찾아봐야겠죠. 흥미로운 것은 우리가 그들보다 뇌의 크기가 커서 이렇게 근사한 문명을 만들어 낸 줄 알았는데, 사실 뇌의 크기는 중요한 게 아니었다는 겁니다. 오히려 서로 흉내 내고 함께 도와주면서 사회적으로 학습하는 능력, 그러니까 내가 알고 있는 걸 친구들에게 가르쳐 주고, 내가 모르는 걸 친구들로부터 배우면서 같이 협력하는 것이 약하디약한 인간이 이 위대한 문명을 만드는 데 아주 결정적인 기여를 했다는 걸 과학자들이 조금씩 알게 됐습니다.

저는 이런 인류의 진화 과정을 어린이들과 청소년들에게 가르쳐 주고 싶었어요. 인류에게 지난 수십만 년 동안 벌어져 온 일들이 지금도 여러분들의 뇌에서 벌어지고 있다는 걸 일러 주고 싶었어요. 그렇게 친구들끼리 서로 돕고 함께 학습하는 능력이 우리 호모 사피엔스의 위대함이라는 사실을요!

생물인류학으로 다시 만든 과거 속으로!

《인간 탐구 보고서》가 현재 우리의 모습을 이해하기 위해 뇌과학과 심리학의 입장에서 우리의 현재 모습을 낯설게 관찰하기를 시도했다면, 《인류 탐험 보고서》에선 여러 유인원들 중에서 오직 호미닌만이, 그중에서도 호모 사피엔스만이 고도의 문명을 이루게 된 배경을 외계인의 시선으로 다시 한번 들여다볼 예정입니다.

아주 낯선 인류 조상과 친숙하면서도 낯선 외계인들의 만남이 만들어 낼 좌충우돌 이야기 속에서 우리의 과거를 흥미롭게 만나 보시길 기대합니다. 사랑스런 라후드의 조상이 시간을 거슬러 탐험하는 과정에서 여러분도 인류의 과거를 발견하고 탐험하게 될 것입니다.

저는 《인류 탐험 보고서》에서 세상의 모든 어린이들과 청소년들이 '보이지 않는 과거를 과학적으로 상상하는 능력'을 가졌으면 좋겠습니다. 그것이 우리 삶을 더욱 풍성하게 해 줄 것입니다. 138억 년 동안 진화해 온 우주 속에서 100년 남짓 살아가는 작은 생명체 지구인들이 누릴 수 있는 가장 고상한 경험은 '수십만 년 동안 살아온 인류의 과거를 생생하게 상상하는 경험'일 테니까요.

자, 함께 탐험을 떠나 보자구요!

정재승 (KAIST 바이오및뇌공학과 교수)

차례

프롤로그 14
무어시마?! (저게 뭐지?!)

에필로그 136
예상치 못한 손님

캔의 탐사일지 144
세 번째 보고서, 150만 년 전 지구를 만나다

🔥 **1화** 눈동자의 정체 ·· 20

🔥 **2화** 공포의 메아리 ·· 38

🔥 **3화** 수상한 감염자 ·· 62

🔥 **4화** 우리, 우주 평화에 이바지한 거냐? ············· 80

🔥 **5화** 달리고 또 달리고 ··· 96

🔥 **6화** 소중히 간직해 ·· 122

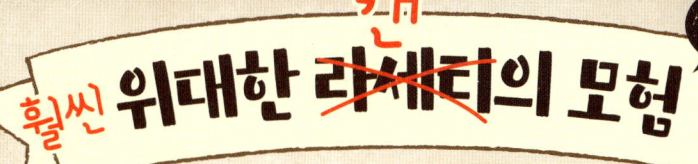

훨~씬 위대한 ~~라세티~~ 캔 의 모험
by 캔

'위대한 라세티의 모험'이라고? 흥!
나는 그 녀석보다 훨~씬 위대한 캔 님이시다!

나의 정밀한 스캔 능력, 그리고 정확한 데이터 분석 능력만 있으면
직접 겪는 것보다 더 생생한 이야기를 해 줄 수 있어.
원한다면 홀로그램으로 장면을 보여 줄 수도 있고 말이야.

그럼 모두 내 이야기를 듣는 데 동의한 걸로 알고
본격적으로 이야기를 시작해 보기 전에…!

이 털북숭이 촌계 녀석! 그리고 쿠슬미 얘까지!
나에 대해 이렇게 적어 놓으면 다른 외계인들이
나를 쫑알쫑알 말 많고 투덜대기만 하는 아우린으로 생각할 거 아냐?!

설마 너희도 날 오해하고 있는 건 아니겠지?
내가 우리 탐사대원들을 다시 소개해 줄게.

나, **캔**은 말이지, 아우레에서는 스캔 기능 하나로 라세티를 먹여 살리고, 지구에서는 탐사대에게 위험을 경고해 주는 아주 중요한 존재라고! 다들 나더러 겁쟁이라고 하지만, 조심성이 조금 많을 뿐이야. 집에서 15억 광년이나 떨어진 곳에서 병균에 감염이라도 되면 얼마나 아프고 서럽겠어? 다들 내 존재를 더 고마워해야 한다니까.

여기 이 촌스러운 털북숭이가 **라세티**야. 아우레에선 나 없이는 값비싼 우주 쓰레기가 먼지도 몰랐으면서, 지구에 오는 동안 그 기억을 모두 웜홀에 흘려 버렸나 봐. 자꾸 내 능력을 의심하지 뭐야? 그럴 땐 정말 화가 나서 얼굴도 보기 싫어. 하지만 싸워도 금세 화해하고, 수백 년이나 함께 지낸 둘도 없는 내 절친이기도 해.

아우리온의 선장, **쿠슬미**야.
다른 일에 정신이 팔렸다가도 아우리온 얘기만 나오면 바로 집중하고, 아우리온을 위해서라면 매서운 눈보라도 뚫고 나가는 걸 보면 선장으로서의 자격은 충분하지.
나와 라세티가 하는 일에는 이래저래 핀잔을 주지만, 가장 존경하는 관장님이 하는 말은 무섭도록 잘 듣는다니까.

빠다 관장님은 아주 오래전 위대한 도서관, 키벨레의 관장이었어.
그런데 이렇게 중요한 모험을 지휘하면서 정작 결정적인 순간엔 바보가 되어 버리시더라고. 이러다 진짜 쿠를 만났을 때 알아보지 못할까 봐 걱정이야.
그래서 현재 나의 가장 중요한 임무는 관장님 보호하기!

이제 정말로 캔 님의 이야기를 시작해 주지!
동굴 속 눈알 괴물 얘기부터 시작할까?

프롤로그

무어시마?!
(저게 뭐지?!)

1화

눈동자의 정체

칠흑 같은 어둠 속에서 수십 개의 눈이 빛나고 있었다. 흰자와 검은자가 뒤섞여 반짝이는 눈들은 탐사대를 두렵게 만들었다. 누구보다 충격을 받은 것은 빠다였다.

"으아악, 괴물이다!"

그러더니 결국…….

"나는 괴물이 너무 좋아~! 우헤헤헤."

"또야? 어째 관장님의 바보 주기가 점점 짧아지는 것 같지 않아?"

이번엔 쿠슬미도 그다지 당황하지 않았다. 쿠슬미는 그저 시간이 지나면 원래대로 돌아오겠거니 하며 빠다가 이상한 행동을 하지 못하도록 꽉 붙들었다.

"추운 날씨 탓인가?"

캔이 측정한 지구의 기온은 루시 때보다 35℃나 낮았다.

"저기 저 이상한 눈들 때문인 것 같은데?"

빠다만큼이나 겁먹은 털북숭이 라세티가 자기보다 한참 작은 캔 뒤로 슬슬 몸을 숨기며 말했다.

"야, 너 뭐 하냐?"

"나 좀 숨겨 줘. 저 눈들, 너무 무서워!"

"네가 내 뒤로 숨는 게 말이 되냐? 넌 어디 있어도 가려지지 않는 사이즈라고! 그리고 솔직히 나도 무섭거든!"

라세티와 캔은 서로 상대방의 뒤에 숨겠다고 한바탕 소란을 떨었다. 둘이 그러거나 말거나 쿠슬미는 눈을 부릅뜨고 동굴 속을 살폈다.

"쟤네도 꽁꽁 숨어서 나오지 않는 걸 보면 우리가 무서운 거야. 게다가 내 말도 못 알아들었을걸?"

"그, 그럴 수도 있겠네. 그럼 소리는 왜 질렀어?"

"기선 제압!"

쿠슬미의 예상대로 그들은 섣불리 몸을 드러내지 않았다.

"나, 난 먼저 갈게. 아무래도 관장님을 얼른 아우리온으로 모시는 게 좋을 것 같아서. 너희도 웬만하면 얼른 들어와."

동굴 속 존재들과의 기 싸움이 계속되자, 캔은 빠다 핑계를 대며 슬금슬금 뒤로 물러났다.

하지만 쿠슬미가 도망치려는 캔을 덥석 잡으며 말했다.

"잠깐 이리 좀 와 봐."

"으악! 왜 이래? 난 관장님 모시고 아우리온으로 돌아가야 한다니까! 저 녀석들은 라세티랑 둘이 해결하고 오라고!"

"지금 내가 필요한 건 라세티가 아니라, 네가 가진 이거야!"

쿠슬미는 캔의 몸에 부착된 라이트를 동굴 안에 대고 비추었다. 캔은 당장 온몸이 분해되기라도 할 것처럼 소리를 질렀다.

"으아아아악!"

후다닥

밝은 빛이 비치자, 눈을 껌벅이던 수많은 생명체들은 화들짝 놀랐다. 일부는 후다닥 안쪽으로 들어갔고, 일부는 어쩔 줄 몰라 하며 눈을 가렸다.

동굴 안이 환해진 순간을 놓치지 않고 쿠슬미가 생명체들을 관찰했다. 녀석들은 지금까지 만났던 두 발 생명체들과 비슷했다.

"어? 얘네들, 생김새가 쿠랑 비슷한데?"

쿠라는 말에 라세티가 눈을 치켜떴지만, 그사이 입구에 있던 녀석들까지 더 안쪽으로 들어가 버려 아무도 보이지 않았다.

"지금부터는 이 라세티 님에게 맡겨!"

"뭐? 너 왜 이래?"

갑자기 라세티가 태도를 바꾸자 캔이 당황해하며 말렸다.

동굴 밖으로 나온 생명체는 이전에 만났던 두 발 생명체와 비슷해 보였지만, 큰 차이가 있었다. 녀석은 몸에 털이 별로 없었고, 털가죽을 옷처럼 뒤집어쓰고 있었다.

"우리가 쿠를 찾은 걸까?"

"그런 거면 좋겠다. 조금 기대되는데."

하지만 이 사실을 확인해 줄 빠다는 여전히 정신이 딴 세상에 가 있었다.

"지구 생명체가 정말 많구나~. 별처럼 반짝반짝해~!"

고기 냄새에 유혹당한 작은 생명체는 어느새 라세티의 코앞까지 다가왔다.

"지금까지 만난 녀석들 중 가장 쿠 같지 않아?"

그 순간, 라세티와 지구 생명체의 눈이 딱 마주쳤다.

라세티 앞에 선 작은 생명체는 더 다가오진 않았지만, 그렇다고 아주 무서워하는 것 같지도 않았다. 그저 라세티의 눈치를 보면서 고기 냄새에 침을 꿀꺽꿀꺽 삼키기만 했다.

"하, 하하. 안녕."

"……."

"이 고기, 네 거니?"

"……."

라세티의 어색한 인사에 지구 생명체는 아무런 대답도 하지 않았다. 이제 어쩌지?

휘이잉—.

둘 사이로 썰렁하고 심심한 바람이 지나갔다.

'야, 이제 어떻게 해?'

라세티가 캔과 쿠슬미에게 눈빛으로 도움을 요청했다.

'네가 유인했으니 네가 알아서 해!'

쿠슬미의 쌀쌀맞은 눈빛 대답에 라세티의 눈동자가 더욱 세차게 흔들렸다. 라세티는 다시 믿지만 똑 부러지는 친구 캔에게 간절한 눈빛을 보냈다.

'캔, 이제 어떡할까?'

결국 답답함에 라세티가 버럭 소리를 질렀다.

그 소리가 어찌나 컸던지 두 발 생명체는 놀라서 동굴 안으로 쏙 들어가 버렸다.

"내가 유인하는 동안 너희가 다음 작전을 생각해 놨어야지. 알아서 하라고만 하면 어떡해!"

"그, 그게……. 쿠를 너무 쉽게 찾은 것 같아서……."

간절히 쿠를 기다려 온 탐사대였지만, 막상 진짜 쿠를 찾은 것 같은 상황이 오니 당황스러운 마음이 앞선 것이다.

"그나저나 쟤가 쿠가 맞긴 한 거야?"

"글쎄……. 최종 판단은 관장님이 하셔야지."

라세티는 조금도 나아지지 않은 빠다를 바라보았다.

"관장님은 결정적인 순간마다 왜 이러실까? 너희는 영 도움도 안 되고. 진짜 손발 안 맞네."

"우리도 당황해서 그런 거잖아. 좋아, 그럼 일단 한 녀석을 잡아서 아우리온으로 데리고 갈까?"

"어떤 녀석? 이미 다 사라져 버렸는데."

두 발 생명체들은 동굴 더 깊숙한 곳으로 숨어 버린 것 같았다. 라세티가 결심한 듯 말했다.

"좋아, 내가 동굴 안으로 들어가 볼게."

"야! 그러다 공격당하면 어쩌려고? 큰 동물도 사냥해서 잡아먹는 놈들이잖아."

"아냐, 왠지 루시랑 성격이 비슷할 것 같아."

라세티는 고기를 번쩍 들고 성큼성큼 동굴 입구로 갔다. 마치 이 고기를 함께 먹으며 이야기를 좀 나누어 보지 않겠냐고 제안하는 듯이.

두 발 생명체가 라세티에게 뭐라고 대답했지만, 라세티는 전혀 알아들을 수 없었다. 하지만 맛있는 걸 앞에 두고는 그다지 대화가 필요하지 않은 법.

"대화는 됐고, 일단 먹어! 음식은 우주 공통어지. 암!"

쩝쩝, 쩝쩝.

어느새 동굴 안은 라세티와 두 발 생명체들의 고기 뜯는 소리로 가득 찼다. 캔과 쿠슬미는 라세티 주변에 앉은 두 발 생명체들을 흥미롭게 관찰했다.

"으흠, 불에 익힌 음식에 익숙한가 본데?"

"이 녀석들 설마 불을 사용할 줄 아는 거야? 그렇다면 왜 이렇게 깜깜한 데서 불도 안 피우고 있었지?"

두 발 생명체들과 고기 파티를 벌이던 라세티가 쿠슬미와 캔에게 손짓했다.
　"너희도 이리 와서 먹어 봐. 이거 익히니까 진짜 맛있어. 냄새도 좋고 엄청 부드럽다고!"
　라세티는 그렇게 말하고 또 정신없이 고기를 뜯어 먹었다. 하지만 평범한 아우린인 캔과 쿠슬미는 죽은 생명체의 고기를 먹는다는 게 도무지 상상이 안 갔다.
　"저게 맛있을까? 불에 탄 부분이 엄청 매울 것 같아."
　"난 왠지 엄청 시큼할 것 같은데. 우웩."
　쿠슬미와 캔은 몸을 부르르 떨었다.

2화

공포의 메아리

휘이이잉ㅡ.

동굴 밖으로 강한 바람이 불었다.

주변의 나무에서 후드득 눈덩이들이 떨어졌다. 돌풍은 이 근처에만 부는 것이 아니었다. 산과 산, 계곡과 계곡 사이에 바람이 휘몰아치고 있었다.

곧 먼 산마루에서 눈사태가 일어났다. 어마어마한 크기의 눈덩이들이 산의 비탈면을 따라 스르륵 아래로 미끄러져 내렸다. 비록 먼 곳에서 벌어지는 일이었지만 몹시 위험해 보였다.

캔은 고기를 놓지 못하는 라세티를 재촉했다.

"야, 그만 먹고 아우리온으로 돌아가자. 바람이 점점 강해지고 있어."

쿠슬미도 벌판에 두고 온 아우리온이 걱정되었다.

"그래, 바람이 더 강해지면 이륙을 못 할 수도 있다고."

"잠깐만! 한 입만 더 먹고."

그때 어디선가 긴 소리가 울려왔다.

"에리히우우~."

그러자 고기를 먹던 두 발 생명체들이 일제히 일어났다.

그들은 동굴 입구로 나가더니 소리가 울린 쪽 먼 산을 향해 같은 소리를 질러 댔다.

"에리히우우~."

쿠슬미는 갑자기 불안해졌다.

"혹시 멀리 있는 동료들을 불러들이는 게 아닐까? 우릴 잡아먹으려고?"

하지만 라세티의 생각은 달랐다.

"그럴 리 없어. 애네들, 착한 친구들이야."

"흥, 네가 착한지 안 착한지 어떻게 알아?"

"난 애들과 밥 먹는 사이가 되었거든. 원래 함께 밥 먹는 사이는 공격하지 않아. 함께 먹는다는 건 행복을 나누겠다는 의미니까. 즉, 사랑의 관계지. 나랑 루시처럼 말이야."

"얘네는 말도 하고, 털도 없고, 루시랑은 완전히 다르거든? 네 말대로면 아우레에서 수백 년 동안 함께 밥 먹은 캔과 너는 아~주 사랑하는 사이겠구나? 눈만 마주치면 티격태격하면서?"

쿠슬미가 라세티의 말을 꼬집었다.

"그, 그렇지. 캔, 너 나 사랑하지?"

캔은 대답 대신 지구 생명체들을 경계하며, 먼 산을 향해 지르는 소리를 유심히 듣고 있었다.

라세티가 캔을 툭 쳤다.

"캔! 너 번역 로봇이잖아. 애들 말 번역해 봐!"

캔은 지구 생명체들이 큰 소리로 반복하는 말을 번역해 보려고 애썼지만, 캔이 가진 어느 데이터도 일치하는 것이 없었다.

라세티는 캔을 진정시켰다.

"흥분하지 마. 미안해. 난 네가 제일 잘했던 게 번역이었으니 지구 생명체의 말도 알 줄 알았지. 그나저나 캔, 정말로 번역이 안 돼? 비슷한 외계어도 검색이 안 되고? 너 번역 기능이 많이 떨어졌구나."

"그것도 설명해 줘? 내가 왜 이렇게 됐는데? 전부 너 먹여 살리려다 그런 거잖아!"

캔은 자신의 고향 아우레를 떠올렸다. 인공 태양 헬리오의 추락으로 황폐해진 아우레에는 사실 찾아오는 외부 행성인이 거의 없었다. 고성능 번역 능력이 살아남는 데 아무런 도움도 주지 못하게 되자, 캔은 자신의 능력을 전부 비싼 우주 쓰레기를 골라내는 스캔 기능에 집중했다. 날이 갈수록 캔의 번역 기능은 떨어질 수밖에 없었다.

캔은 이제 번역 로봇이라기보다 최고의 스캐너였다. 물론 우주 쓰레기를 찾는 것보다 투덜거리는 걸 더 잘했지만.

"엉엉, 난 시대를 잘못 타고난 불행한 아우린이야!"

"알았어, 알았어. 미안하다니까."

라세티가 캔을 달래는 동안 두 발 생명체들은 분주하게 움직였다. 그리고 다급한 표정으로 힘을 합쳐 나머지 고기를 머리에 이고 동굴 더 깊은 곳으로 사라져 버렸다.

라세티 일행은 당황했다. 녀석들을 따라가야 하나? 아니면 그냥 아우리온으로 돌아갈까?

그 순간.

탐사대는 얼떨결에 동굴 안에 갇히고 말았다. 동굴 내부는 컴컴해서 아무것도 보이지 않았다.

"'에리히우우'란 말이 눈사태를 조심하라는 뜻이었나 봐."

라세티의 말소리가 어둠 속에서 저렁저렁 울렸다.

"이제 어떡하지?"

동굴에 갇힌 일행은 막막했다.

입구를 막은 눈을 뚫고 밖으로 나가자니 저걸 뚫는 데 얼마나 걸릴지 모르겠고, 또 눈이 녹을 때까지 동굴 안에서 기다리자니 저 많은 눈이 언제 다 녹을지 알 수 없었다.

그때 빠다가 드디어 입을 열었다.

동굴 속 두 발 생명체들은 캔이 비추는 불빛에 눈이 부신지 팔로 얼굴을 가렸다가, 이내 눈을 깜박이며 고개를 들었다.

그들을 살펴본 빠다는 한참 만에 입을 열었다.

"아니야. 쿠가 아니다!"

"네? 어두워서 잘못 보신 거 아니고요?"

"단연코 이 두 발 생명체는 쿠의 종족이 아니다."

유일하게 쿠의 모습을 알고 있는 빠다가 너무도 단호하게 말하자 쿠슬미와 캔, 라세티는 크게 실망했다.

"쿠가 아니라고요?!"

"도대체 왜!"

정신을 되찾은 빠다가 확신에 찬 말투로 이유를 설명했다.

"우리가 지금 만난 녀석들이 전에 만난 녀석들보다 진화한 건 확실하다. 추위를 피하기 위해 가죽을 걸치고, 익힌 고기에도 익숙한 걸 보면 불을 쓸 줄 안다는 뜻이니까. 신체 구조도 쿠와 비슷하다. 하지만 이마가 쿠보다 더 낮고 평평하구나. 이러면 뇌가 충분히 커질 수 없지. 내 기억으로 쿠의 엑스레이에서 머리 골격은 이렇게 넓적하지 않았어. 또 쿠에 비하면 이 녀석들은 턱도 더 튀어나와 있고. 우리가 점점 쿠의 시대에 다가가고 있는 건 맞지만, 아직은 아니야. 게다가……."

빠다의 설명은 곧 주변의 소음에 묻히고 말았다.

 탐사대의 집중력은 오래 지속되지 않았다. 쿠를 만났을지도 모른다는 기대감이 사라지자, 다들 빠다의 어려운 설명은 듣는 둥 마는 둥 하며 자신들의 관심사로 눈을 돌렸다. 빠다는 설명을 그만두고 딴짓하는 캔과 라세티, 쿠슬미에게 소리쳤다.

 "얘들아! 어서 돌아가자. 이 날씨라면 아우리온이 눈에 잠겨 꽁꽁 얼어 버릴 수도 있겠어."

 아우리온이라는 말에 쿠슬미가 제일 먼저 정신을 차렸다. 쿠슬미는 조종사답게 벌떡 일어났다.

 "앗, 아우리온! 깜빡했어요. 어서 가요."

하지만 동굴 입구를 빽빽하게 막고 있는 눈이 문제였다.

"눈이 좀 녹아야 나갈 수 있지 않을까요?"

빠다는 대답 대신 작은 손으로 눈을 치우기 시작했다. 그 모습에 쿠슬미도 촉수로 열심히 눈을 퍼 날랐고, 캔도 두 팔을 프로펠러처럼 휘둘러 눈을 날렸다.

그러나 동굴을 막고 있는 엄청난 양의 눈은 조금도 줄어들 기미가 보이지 않았다. 셋은 얼마 못 가 주저앉았다.

라세티는 한쪽에서 두 발 생명체들을 모아 놓고 온 힘을 다해 긍정의 댄스를 알려 주고 있었다.

"참, 왜 저 녀석 생각을 못 했지? 라세티! 그만 놀고 이리 와서 여기 눈 좀 파 봐!"

캔이 라세티를 불렀다.

"벌써 가려고? 이제 막 자세를 설명하기 시작했는데."

"어서 오라니까!"

캔의 성화에 라세티가 싫은 티를 팍팍 내며 다가왔다.

"눈이 밖에서부터 얼어 버린 것 같아. 깊숙이 들어갈수록 눈이 너무 단단해서 긁어낼 수가 없어."

"아, 그래서 부른 거야?"

쿠슬미가 상황을 설명하자, 라세티는 자신 있는 듯 눈을 반짝 빛냈다. 조금 전까지 엄청 귀찮아하던 얼굴과는 사뭇 다른 표정이었다.

캔도 여유로운 목소리로 라세티를 추켜세웠다.

"드디어 네 전공을 선보일 때가 됐네. 힘내라!"

"오랜만에 실력 발휘 좀 해 볼까. 긍정의 댄스가 이럴 때도 유용하다는 걸 알면, 저 녀석들이 좀 더 적극적으로 배우려고 할지도 모르니까 말이야."

라세티는 난데없이 긍정의 댄스를 추기 시작했다.

　순식간에 굴이 만들어지고 있었다. 라세티가 눈 파기를 끝낼 무렵, 밖에서 조금씩 빛이 들어오며 동굴 안이 환해지기 시작했다. 라세티가 되돌아오며 굴을 튼튼하게 다져 마무리했다.

　"만세, 뚫렸다!"

　"봤지? 저 녀석도 먹는 거 말고 잘하는 게 있다니까."

　"이러고 있을 시간이 없다. 어서 나가자꾸나."

　빠다와 쿠슬미는 동굴 안에 있는 동물 가죽을 뒤집어쓰고 나갈 채비를 했다. 하지만 라세티는 힘이 다 빠졌는지 벌렁 드러누워 버렸다.

　"난 이제 한 발짝도 못 움직이겠어!"

"야! 어서 일어나. 이제 가야 한다고!"

"진짜야. 절대 못 일어나. 끌고 가든지…….'"

결국 빠다는 라세티를 동굴에 남겨 두기로 했다.

"어쩔 수 없군. 캔, 너도 라세티와 동굴에 있거라. 우리가 아우리온을 점검하고 다시 연락하마. 날씨가 심상치 않으니 나눠서 움직이는 게 나을 수도 있겠어."

쿠슬미는 벌러덩 누워 헉헉거리는 라세티를 가리키며 캔에게 말했다.

"우리 없는 동안 라세티가 사고 치지 않게 잘 지켜보고."

결국 캔과 라세티를 동굴에 남겨 놓고, 빠다와 쿠슬미는 조심조심 밖으로 나갔다.

그때 라세티와 몸짓 대화를 했던 어린 두 발 생명체가 다가오더니, 누워 있는 라세티의 손을 잡고 알아들을 수 없는 말을 하기 시작했다. 라세티는 두 발 생명체가 긍정의 댄스를 가르쳐 달라는 것으로 여기고 손을 내저었다.

"지금은 안 돼. 진짜 너무 힘들다고."

그러나 두 발 생명체는 라세티의 손을 자꾸 잡아당겼다. 일어나라고 하는 것 같았다.

"이 녀석, 힘이 무지하게 세네. 알았어, 알았다고."

라세티는 손에 이끌려 억지로 앉았다.

이번엔 두 발 생명체의 손가락이 동굴의 깊은 안쪽 어둠을 가리켰다.

라세티는 자그마한 두 발 생명체의 말을 제멋대로 해석했다. 굴을 파느라 힘을 다 써 버렸는지 조금 전에 먹은 고기는 그새 소화돼 버렸고, 라세티는 다시 허기를 느끼고 있었다.

라세티와 어린 두 발 생명체가 동굴 안쪽으로 들어가려 하자, 캔이 라세티 팔을 덥석 잡았다.

"가지 마, 라세티!"

"얘가 저 안에 맛있는 게 있다고 하는 것 같아. 너도 가자."

겁쟁이 캔은 몹시 심각했다.

"함정일지도 몰라."

"함정?"

캔은 왠지 컴컴한 동굴 안쪽에 불길한 것이 숨어 있을 것만 같았다. 불길한 것이 아니라면 골치 아픈 것일지도 몰랐다. 분명한 건, 맛있는 건 아니라는 거였다.

"관장님과 쿠슬미가 여기서 기다리라고 했잖아."

"안 따라올 거면 라이터나 빌려줘."

라세티는 캔의 말을 들을 마음이 전혀 없었다.

"제발 들어가지 말자."

"라이터 안 줄 거야?"

라세티는 캔이 마지못해 건넨 고성능 라이터를 낚아채 작은 녀석과 함께 동굴 깊숙한 곳으로 가 버렸다.

혼자 있으려니 캔은 동굴이 더 어둡고 침침하게 느껴졌다.
"어휴, 저 고집불통에 먹보 귀신!"
캔은 어쩔 수 없이 라세티의 뒤를 따랐다.

3화

수상한 감염자

동굴은 생각보다 깊었다. 꼭 아우레의 지하 하수도처럼 굽이굽이 복잡하게 이어져 있었다.

안으로 들어갈수록 축축한 느낌이 들었지만, 바깥의 매서운 칼바람이 닿지 않아 점점 더 따뜻하게 느껴졌다. 물론 지금 라세티에게 그건 전혀 중요한 문제가 아니었지만.

"대체 먹을 게 어디 있다는 거야아야아야아……."

라세티의 말소리가 울려 퍼졌다.

"라세티이, 그으만 돌아가자아자아자아……."

캔의 외침도 울려 퍼졌다.

울림이 그치는 순간 동굴 끝에서 수상한 소리가 이어졌다. 누군가의 말소리인지 짐승 소리인지 모를 이상한 소리였다.

천장에서 물이 뚝뚝 떨어졌다. 라세티의 불빛이 지나갈 때마다 작은 벌레들이 어둠 속으로 사사삭 사라졌다.

작은 두 발 생명체는 더 짙은 어둠 속으로 둘을 이끌었다. 얼마쯤 가자 다른 두 발 생명체들이 모여 있는 것이 보였다.

배 부분이 특히 뚱뚱한 두 발 생명체는 몹시 괴로운 표정을 짓고 있었다. 아무래도 병에 걸린 것 같았다. 뚱뚱한 생명체 옆에 모인 다른 생명체들도 어찌하지 못하고 그저 주변을 서성이기만 했다. 무엇보다, 라세티가 기대했던 음식은 보이지도 않았다.

"얘가 우리한테 대체 왜 이러는 거지?"

대화를 시도하던 두 발 생명체도 말이 통하지 않자, 답답한지 마구 수선을 피웠다. 그런 녀석을 다른 생명체가 꾸짖었다.

동굴 안은 배가 뚱뚱한 생명체의 끙끙대는 소리가 크게 울렸다.

어린 두 발 생명체가 라세티를 이곳으로 데려온 건 아무래도 저 생명체 때문인 것 같았다. 라세티는 괴로워하는 뚱뚱한 생명체에게 다가갔다.

"하지 마. 전염된다고! 진짜 큰 병에 걸린 것 같단 말이야!"

하지만 캔의 말을 들을 라세티가 아니었다. 라세티는 라이터 불을 밝게 켜고 쪼그리고 앉아, 뚱뚱한 두 발 생명체를 살펴보았다. 살포시 얼굴에 손을 대 보니, 온몸에 힘이 잔뜩 들어가 있고 땀이 흥건했다.

"너 정신이 있는 거냐, 없는 거냐?! 딱 보면 몰라? 쟨, 엄청나게 무서운 병균에 감염된 거야. 그리고 너 쟤 만졌지? 너도 아우리온에 들어올 생각 하지 마!"

"저 상태를 보고도 그런 말이 나와? 그냥 두면 곧 죽을 거라고!"

"내가 알 바 아니야. 게다가 그 의료 키트는 아우리온 승무원을 위해 있는 거야! 외계 생명체에게 줄 게 아니라고!"

"자기만 알고 인정이라곤 없는 겁쟁이 깡통 녀석!"

"대책 없이 인정밖에 모르는 털북숭이 촌계 녀석!"

아까부터 이 상황에서 도망칠 기회만 엿보던 캔은 결국 라세티에게 매몰차게 쏘아붙이고 동굴 입구 쪽으로 방향을 틀었다. 어서 아우리온으로 돌아가서 깨끗하고 반질반질한 의자에 앉아 쉬고 싶었다. 축축하고, 컴컴하고, 병균이 득실득실할 것 같은 지구 생명체가 모여 사는 이 끔찍한 동굴에서 멀리 벗어나고 싶었다.

그러자 라세티가 캔을 덥석 붙잡고 애원했다.

"제발 도와주자. 캔, 응?"

"으아아, 너 그 손으로 날 만졌어! 캔 살려어~!"

캔이 부르르 떨며 난리를 쳤다.

그때였다. 캔의 부러진 안테나에 신호가 잡혔다.

동굴에서 나와 아우리온에 도착한 빠다와 쿠슬미는 바로 시스템을 점검했다. 눈에 파묻힌 아우리온은 계기판마저 얼음으로 뒤덮여 있었다. 냉각수도 꽁꽁 얼어 있었고 엔진도 상해서 동력을 회복하는 데 상당한 시간이 필요했다.

간신히 아우리온을 작동시키는 데 성공했지만, 빠다는 시스템이 지구 환경에 좀처럼 적응하지 못하고 있음을 깨달았다. 시스템의 성능을 100%로 끌어올리려면 얼른 아우리온을 지구에 적응시켜야 했다. 아우리온은 곧장 변화무쌍한 지구의 여러 환경을 경험하는 지구 환경 적응 테스트에 돌입했다.

시간을 들여 지구 곳곳을 항해하며 아우리온은 조금씩 지구 여행에 알맞게 적응해 갔다.

"쿠슬미, 시스템은 어떤가?"

"환경 적응 테스트 완료! 아우리온은 이제 지구 어디에 가도 완벽하게 기능할 거예요."

"좋아, 그렇다면 이걸 쓸 때군."

빠다는 쿠슬미에게 이동용 저장 장치 하나를 건넸다.

"이게 뭐죠?"

"인피니티의 지식 데이터다."

"관장님이 키벨레에서 탈출할 때 인피니티에서 빼냈다던 지식 데이터요?"

"그래. 아우리온 시스템에 넣어 뒀던 것이지. 아우리온이 꽁꽁 얼었을 때 데이터가 손상될 경우를 대비해 따로 빼서 이곳에 옮겨 두었다. 이제 복구를 마쳤으니 다시 이 데이터를 아우리온 시스템에 저장해라. 키벨레에서 연구한 우주와 지구의 정보를 이용하려면 이것이 있어야 하니까."

"역시 관장님은 준비성이 철저하시네요."

쿠슬미는 빠다가 건넨 저장 장치를 포트에 삽입했다. 인피니티의 지식 데이터가 아우리온 시스템으로 천천히 이동하기 시작했다.

　인피니티의 지식 데이터가 전부 옮겨지려면 많은 시간이 필요했다. 빠다와 쿠슬미는 그동안 아우리온을 타고 주변 지역을 좀 더 둘러보기로 했다.
　그 순간, 경보음이 조종실에 가득 울렸다.
　냉각 장치 이상. 냉각수가 부족합니다.

"관장님, 잠시 착륙하는 게 좋겠어요."

마침 우주선 밖의 아름다운 지구에서 좀 더 시간을 보내고 싶었던 쿠슬미는 냉각수를 보충해 달라는 경보음이 반가웠다.

"그래야겠구나. 저쪽에 큰 강이 있으니, 냉각수를 채우고 가자꾸나."

아우리온은 열대 우림의 강변에 내려앉았다.

4화

우리, 우주 평화에 이바지한 거냐?

시간이 흐를수록 두 발 생명체는 부푼 배를 부여잡고 힘들어했다.

"깊게 숨을 들이마셔. 이렇게, 푸후아, 푸후아."

라세티는 고통스러워하는 두 발 생명체에게 '푸후아 호흡법'을 알려 주었다. 푸후아 호흡법이란 라세티의 고모 라마즈가 몸이 약한 아우린들을 위해 개발한, 우주의 기운을 받는 호흡법이다. 하지만 고통으로 얼굴이 창백하게 변한 두 발 생명체는 라세티의 말을 알아듣지 못했다. 주변의 다른 두 발 생명체들도 그저 안타까운 표정만 짓고 있었다.

"저렇게 힘들어하는데 왜 다들 그냥 보고만 있는 거야?"

라세티는 초조해졌다. 푸후아 호흡법도 소용이 없고 의료 키트도 없다면 아쉬운 대로 캔에게 내장된 체온계와 산소 호흡기라도 필요했다. 하지만 폭발 직전 상태인 캔이 그것들을 순순히 빌려줄 리가 없었다.

"후, 푸후아, 후."

라세티는 캔과 대화하기 위해 자기가 먼저 푸후아 호흡을 했다. 고모의 가르침대로 깊게 심호흡하고 나니 투덜이 대마왕 캔이 그리 미워 보이지 않았다. 마음의 준비를 한 라세티는 캔에게 화해의 눈빛을 보내며 다가갔다.

"캐애앤~."

"저리 가, 이 촌계야. 병균 옮아!"

캔은 라세티가 거대한 병균 덩어리라도 되는 듯 슬금슬금 피했다. 급기야 동굴 밖으로 나가려 했다. 라세티는 얼른 캔을 붙잡았다.

라세티는 가슴이 쿵쾅거렸다. 다른 건 몰라도 캔은 직감이 꽤 정확한 편이었다. 라세티는 두 발 생명체의 배를 바라보았다. 듣고 보니 캔의 말대로 배 안에 뭔가가 들어 있는 것 같았다. 캔이 아까보다 더 난리를 피워 댔다.

"으아아아! 무시무시한 괴물이 저 배를 뚫고 튀어나와 우릴 잡아먹을 거야!"

라세티도 살짝 긴장되었지만 꿀꺽, 마음을 다잡았다.

"잠깐만!"

라세티의 눈에 뭔가가 보였다.

"배가 한 번씩 꿀렁꿀렁 움직여."

"으아아악! 괴물이 곧 나올 거야! 제발 좀 놔 줘!"

겁쟁이 캔은 라세티의 손에서 벗어나려고 거세게 발버둥 쳤다.

"캔, 뭐가 있는지 스캔 한 번만 해 보자. 네가 제일 잘하는 거 잖아. 진짜 괴물이 있다면 당장 이 동굴에서 나가자고!"

"진짜지? 스캔만 하고 난 갈 거야!"

라세티는 저 배 속에서 꿈틀거리는 것이 무엇인지 확인하고 싶었다. 캔은 내키진 않았지만, 말을 들어주지 않으면 라세티가 영영 놔주지 않을 것 같아 서둘러 두 발 생명체의 배를 스캔했다.

"이 두 발 생명체들은 몸 안에서 새로운 생명을 만들었다가, 때가 되면 몸 밖으로 배출하나 봐."

"호오, 그래서 배가 이렇게 빵빵했던 거구나?"

라세티도 그제야 부푼 배가 이해되었다.

"그러니까 엄마 몸 안에 있던 새끼가 나오려고 해서 엄마가 저렇게 아프다는 거지?"

"그렇지. 배 안에 웅크리고 있긴 하지만, 밖으로 나오면 꽤 클 것 같아. 그런데 어떻게 나오지? 설마 엄마 몸을 뚫고······?"

"서, 설마!"

엄마 생명체는 점점 더 고통스러워했다. 주변에 있던 지구 생명체들이 엄마 생명체의 몸을 주물러 주며 뭐라고 계속 이야기를 나누었다. 키 작은 두 발 생명체도 불안한 듯 제자리를 폴짝폴짝 뛰었다.

그 순간 엄마 생명체의 다리 사이에서 무언가가 조금씩 나오기 시작했다. 까만 털로 뒤덮인······, 머리였다!

"으아아, 진짜로 새끼가 몸을 뚫고 나오려 하고 있어!"

놀라운 장면이었다. 주변에 있던 다른 두 발 생명체들이 배가 아픈 엄마의 몸을 받쳐 주고, 바쁘게 손을 주무르기 시작했다. 배 안에 있는 새끼가 무사히 몸 밖으로 나오도록 힘을 실어 주려는 것 같았다.

"우리도 뭔가 해야 하는 거 아냐?"

조금 전까지만 해도 도망가야 한다고 난리를 치던 캔은 어느새 생명 탄생의 신비함에 빠져 중얼거렸다.

"새끼가 밖으로 나오면 춥지 않을까? 따뜻하게 불을 피워 주는 게 어때?"

"좋은 생각이다! 어서 나뭇가지를 구해 오자."

"서둘러, 서둘러!"

라세티와 캔은 조심스럽게 동굴 밖으로 나갔다. 하얀 눈 때문에 지구는 더 아름답고 평화로워 보였다. 둘은 나무가 많은 숲속을 돌며 불에 탈 만한 작은 나뭇가지들을 주워 모았다.

라세티가 놀랐던 마음을 가라앉히며 나직이 말했다.

"캔, 나 생명체가 태어나는 거 처음 봐."

"나도."

"신기하다, 그렇지?"

둘은 나뭇가지를 잔뜩 안고 동굴로 돌아왔다.

엄마 생명체는 어느새 품에 작고 빨갛고 쭈글쭈글한 아이를 안고 있었다. 얼굴에 번진 미소가 따뜻했다.

"핫! 저 녀석인가 봐."

갓 태어난 두 발 생명체 새끼는 라세티의 얼굴보다도 작았다. 작은 얼굴에 눈 두 개, 코, 입까지 다 있었다. 손가락도 각각 다섯 개씩, 발가락도 각각 다섯 개씩 꼬물거렸다.

"와, 진짜 작고 귀여워……."

오랜 시간 고통을 참았던 엄마 생명체의 몸은 비를 맞은 듯 젖어 있었다. 태어난 새끼도 추운지 엄마에게 몸을 찰싹 붙이고 있었다.

"야, 어서 불을 피우자."

라세티가 주워 온 나뭇가지를 포개 쌓았고 캔이 고성능 라이터로 불을 붙였다. 동굴 내부가 금세 따뜻해졌다.

동굴 속 두 발 생명체들이 하나둘 불 주변으로 모였다.
 공기가 훈훈해지자 지금까지 긴장했던 표정은 사라지고, 모두 새로 태어난 작은 생명체를 다정하게 바라보았다. 새 가족이 생긴 것을 기뻐하는 듯했다. 라세티와 캔도 옆에서 눈을 녹여 만든 물로 새끼의 얼굴을 닦아 주었다.

"이름을 지어 주는 게 어떨까?"

"그렇다면 두말할 것도 없이 에릭이지!"

"에릭? 왜 하필 에릭?"

"'에리히우우~'를 줄여서 에릭. 멋지잖아! 게다가 에릭이라는 말은 왠지 우주의 행복 에너지가 가득 들어 있는 느낌이야."

"그, 그게 이유라고?"

라세티의 논리는 단순했지만, 한편으로는 그럴듯했다. 지구 생명체들의 말을 전혀 알아듣지 못하는 상황에서, 탐사대가 유일하게 짐작한 단어가 눈과 관련되어 있으니, 눈 오는 날 태어난 녀석의 이름으로 이보다 더 좋은 건 없어 보이기도 했다.

"응, 완전 잘 어울려!"

그렇게 해서 새끼의 이름은 '에릭'이 되었다.

라세티는 자신의 손을 잡고 여기까지 이끌고 온 키 작은 두 발 생명체를 그때부터 '에구구'라고 부르기 시작했다.

타닥타닥.

나뭇가지가 타는 소리만 울리는 동굴 안에서 막 태어난 에릭은 형 에구구와 라세티, 캔이 지켜보는 가운데 엄마의 품에서 새록새록 잠이 들었다.

5화

달리고
또 달리고

에릭의 색색거리는 숨소리를 듣고 있자니, 라세티는 마음속에서 따뜻한 사랑이 샘솟는 듯했다.

"저기, 내가 한번 안아 봐도 될까?"

라세티가 두 손을 벌리며 말하자, 엄마 생명체는 에릭을 꼭 끌어안은 채 경계의 눈으로 라세티를 바라보았다.

그러자 에구구가 나섰다.

"다후, 조으다러. 슈러."

에구구는 아마도 엄마에게 라세티가 믿을 만한 존재라고 설명하는 것 같았다. 어쩌면 불을 피워 준 것에 대한 보답일지도 몰랐다.

엄마 생명체가 조심스럽게 에릭을 내주었다.

"야! 그러다가 떨어뜨리기라도 하면 어쩌려고?"

캔이 괜한 짓 하지 말라고 라세티를 말렸지만, 이미 아기에게 흠뻑 빠진 라세티는 얼른 에릭을 받아 안았다.

에릭은 새근새근 잠들어 있었다.

"으아, 가슴이 간질간질. 기분이 이상해. 캔, 그러지 말고 너도 가까이 와서 좀 봐."

다그치던 캔도 못 이기는 척 라세티 옆으로 와 에릭을 바라보았다. 순식간에 캔의 입이 헤 벌어졌다.

"조그만 게 너무 귀엽다."

에구구가 다가와 동생 에릭의 볼을 톡톡 건드렸다.

"야, 에구구. 그러면 에릭이 깰지도 몰라."

아니나 다를까 에릭이 꿈틀거리더니 입을 크게 벌리고 끼앙, 끼앙, 이상한 소리를 내기 시작했다.

"으악! 깨, 깼나 봐! 어떻게 다시 재우지?"

두 발 생명체의 새끼는 들판에서 만난 엄마 동물의 새끼들과는 달랐다. 스스로 몸을 가누지도 못하고, 말도 제대로 하지 못하면서 이것저것 요구하듯 칭얼댔다.

라세티와 캔의 등 뒤에는 덩치가 큰 두 발 생명체들이 무서운 얼굴을 한 채 서 있었다.

동물 가죽을 어깨에 두르고 허리에는 날카롭게 깎은 돌조각들을 차고 있는 그들은 키가 무척 컸고 팔뚝도 굵었다. 손에는 갓 잡은 작은 동물 몇 마리를 들고 있었다.

캔의 재빠른 분석에 따르면, 녀석들은 사냥을 마치고 막 돌아온 두 발 생명체 무리의 수컷들이 분명했다. 그것도 화가 아주 많~이 난 수컷들!

캔이 라세티의 옆구리를 쿡쿡 찔렀다.

"야, 라세티. 어서 에릭을 엄마한테 돌려줘."

하지만 에릭을 웃기는 데 정신이 팔린 라세티는 주변 분위기가 험악해진 것을 알아채지 못했다.

"조금만 더 있어 봐. 에릭이 내 개그에 반응하기 시작했다고. 곧 나랑 노는 게 제일 재밌다는 걸 알게 될걸? 또 울면 내가 앙 하고 먹어 버린다, 요 귀여운 녀석! 으히히."

"뒤를 좀 돌아보라고, 촌계야!"

캔이 따꼼레이저로 라세티의 엉덩이를 쏘았다.

"으아앗, 따가워. 야! 그거 나한테 쏘지 말라고 했……!"

라세티는 그제야 자신을 노려보고 있는 커다란 두 발 생명체들을 발견했다.

입을 벌리고 혀를 길게 내민 채 에릭을 안고 있는 라세티의 모습은 누가 봐도 소중한 새끼를 잡아먹으려는 외계 생명체의 모습이었다.

겁먹은 라세티가 슬금슬금 뒤로 물러났다.

하지만 분노에 찬 녀석들에게는 라세티의 그 모습이 아기를 데리고 달아나는 것으로 보였다.

"아기부터 당장 돌려주라니까!"

캔은 얼떨결에 에릭을 넘겨받았다. 그건 캔 스스로 생각하기에도 동료 도둑이 훔친 것을 빼돌리려는 공범 같았다.

수컷 두 발 생명체들은 더욱 화난 표정으로 콧구멍을 벌렁거리며 숨을 푹푹 몰아쉬었다.

캔은 에릭을 얼른 엄마 생명체에게 안겨 주었다. 그래도 사태가 진정되지 않자, 라세티와 캔은 통하지도 않는 대화를 다급하게 시도했다.

"아하하하, 진정해. 우린 요 녀석을 잡아먹을 생각이 없어. 에리히우-우~."

"그래, 나도 아까 고기를 많이 먹어서 배가 엄청 부르다고. 에리히우-우-우~."

'에리히우우'가 눈사태를 조심하라는 뜻인 건 알았지만, 할 수 있는 지구 생명체의 말은 그것밖에 없었기 때문에 둘은 그 말만 반복했다.

당연히 뜻이 통할 리 없었다. 두 발 생명체들은 캔과 라세티를 조금씩 구석으로 몰아세웠다. 그들이 손에 쥔 날카로운 돌조각이 라세티의 눈에 들어왔다.

"크, 큰일이야. 저걸로 우릴 사냥할 생각인가 봐."

입구 쪽은 또 다른 두 발 생명체들이 막고 있어 동굴 밖으로 달아날 수도 없었다.

"캔, 아우리온에 연락 좀 해 봐."

"소용없어. 안테나 부러진 거 기억 안 나냐?"

라세티와 캔은 이러지도 저러지도 못하고 금방이라도 둘을 덮칠 듯한 두 발 생명체들의 움직임을 주시했다.

그 순간 에구구가 그들 사이에 끼어들었다.

"부케! 다후, 요우!"

에구구는 화가 난 두 발 생명체들에게 손짓과 발짓을 섞어 가며 한참을 이야기했다. 에구구는 김이 빠지는 소리를 내기도 했고 목을 길게 늘이고 내뱉는 소리도 냈다. 에구구의 말이 계속될수록 녀석들의 사납던 표정이 조금씩 밝아졌다.

"우리 편을 들어 주는 것 같아."

"그런 거겠지? 표정이 좀 순해졌어."

험악하던 분위기는 곧 사그라들었다. 대장으로 보이는 두 발 생명체는 사나운 눈빛을 거두고 엄마 생명체에게서 받아 안은 에릭을 가만히 바라보았다. 흐뭇한 미소를 짓는 것을 보니 아무래도 에릭의 아빠인 것 같았다.

얼마쯤 지나자 수컷 두 발 생명체들이 일제히 동물 가죽으로 몸을 단단히 여미고 날카롭게 깎은 돌들을 다시 챙겨 들었다. 에구구도 그들을 따라 밖으로 나갈 채비를 했다.

"에구구, 다들 어디 가는 거야?"

"로우자브다러."

이번에도 에구구는 라세티에게 무언가를 열심히 설명해 주었지만, 라세티는 한마디도 알아들을 수 없었다.

멀뚱히 서 있는 라세티를 에구구가 잡아끌었다. 동굴 밖으로 나가자는 것 같았다.

"다후, 이치바."

"따라오라고?"

캔은 어림도 없다는 표정을 지었다.

"절대 안 돼! 쿠슬미랑 관장님이 금방 돌아오겠다고 한 거 잊었어? 그냥 여기서 가만히 아우리온이나 기다리자."

"에이, 대장도 우릴 친구로 여기는데 이제 위험할 게 없잖아. 따라가 보자. 또 누가 아냐? 이번에야말로 먹을 게 가득 있는 창고로 우리를 데리고 가려는 걸지도 몰라."

"먹이 창고?"

"보답하려는 게 분명해. 맛있는 게 엄청나게 쌓여 있을 거야. 왠지 그런 느낌이 강하게 든다니까. 뭐 해? 어서 따라와."

하지만 먹이 창고는 나타나지 않았다. 두 발 생명체들은 다시 바닥만 보며 걷고 또 걸었다.

맨 앞에서 걷던 두 발 생명체의 대장이 멈춰 설 때마다 라세티와 캔은 '설마, 이번에는 먹이 창고에 도착했겠지.' 하며 기대했지만, 무리는 이내 다시 이동하길 반복했다.

얼마쯤 지났을까, 대장이 걸음을 멈추고 몸을 낮췄다. 뒤따르던 일행들도 대장을 따라 자세를 낮추었다.

멀리 나무 너머로 움직임이 보였다.

"저기 뭔가가 있어!"

머리에 긴 뿔이 달린 네발짐승이었다. 아우리온이 이곳에 착륙할 때 엔진 열에 새카맣게 타 버린 뿔 달린 짐승과 비슷하게 생긴 동물이었다.

"우리……, 저 짐승을 따라가고 있었던 거야?"

라세티의 짐작이 맞았다. 대장과 두 발 생명체들은 그 뿔 짐승을 쫓고 있었다.

"먹이 창고로 가는 게 아니라, 먹이를 사냥하러 가는 거였어!"

곧 뿔 짐승이 이들의 접근을 눈치채고 달아나자, 두 발 생명체들도 마구 달렸다. 뿔 짐승은 잡힐 듯 잡히지 않았다. 나무뿌리를 뜯다가도 대장 무리가 가까이 다가가면 얼른 달아났다.

"저걸 어떻게 잡으려고~!"

비슷한 상황이 몇 번이나 반복됐지만, 대장과 두 발 생명체들은 포기하지 않았다. 발 빠른 뿔 짐승이 시야에서 사라지면, 대장 무리는 눈밭에 이어진 짐승의 발자국을 따라 걸어갔다.

"언제까지 쫓아가려는 거야~!"

"제발 그만…!"

뿔 짐승의 발자국은 멀리 보이는 산까지 이어져 있었다. 라세티와 캔은 두 발 생명체들을 따라나선 걸 후회했지만 소용없었다.

캔은 조용했다. 여느 때 같으면 투덜거리고 라세티에게 핀잔을 주며 싸움을 걸었겠지만, 이번만큼은 아니었다. 이런 매서운 추위에는 에너지를 가능한 한 아끼는 게 유리하다는 걸 캔은 알고 있었다.

"추우니까 더 배가 고파. 지구 과일 먹고 싶다……."

이 추운 지방에 과일 같은 게 보일 리 없었다. 루시가 살던 곳과 달리 이곳은 사방이 꽁꽁 얼어 있었다. 뭔가를 먹으려면 무조건 사냥을 해야 했다. 하지만 저 두 발 생명체들의 사냥법은 발 빠른 짐승의 뒤를 묵묵히 쫓는 게 전부였다.

"난 이제, 정말, 더는, 못 걷겠어……."

이 말을 끝으로 라세티는 풀썩 쓰러져 버렸다.

해가 지고 밤이 되자, 두 발 생명체들은 커다란 비탈 아래에서 발견한 작은 동굴에서 웅크리고 잤다. 라세티와 캔은 금세 곯아떨어졌다. 낮 동안의 행군으로 지친 나머지 투덜댈 기운도 없었다.

날이 밝았다. 이들은 또 걷고 달리고 걸었다.

두 발 생명체들은 끈질기게 쫓았고, 어느새 뿔 짐승의 달아나는 속도가 조금씩 느려지고 있었다. 녀석도 점점 지쳐가는 모양이었다.

그중에서 제일 지친 것은 라세티와 캔이었다. 이제 라세티의 걸음은 비틀거리다 못해 허우적허우적 춤을 추는 것 같았다. 캔은 라세티의 등에 엎어져 버렸다.

몇 시간 뒤, 어느 커다란 샘에서 뿔 짐승이 발견되었다. 뿔 짐승은 물을 마시느라 그들이 다가오는 것을 전혀 눈치채지 못했다. 대장 무리는 뿔 짐승 몰래 샘 주변을 포위하며 천천히 다가갔다.

바로 코앞까지 가까워지자 대장이 앞장서서 달렸다. 놀란 뿔 짐승이 몸을 돌려 반대편으로 달아났지만, 그쪽에는 다른 두 발 생명체들이 기다리고 있었다. 뿔 짐승은 이내 대장과 두 발 생명체들에게 사로잡혔다.

"드, 드디어… 잡았어……. 만…세……."

라세티와 캔은 들릴 듯 말 듯 한 목소리로 만세를 불렀다.

사냥감을 잡았다는 기쁨이 아니라 이 고난의 행군이 끝났다는 기쁨 때문이었다.

두 발 생명체들은 가지고 있던 돌조각으로 뿔 짐승의 배를 갈라 내장을 꺼내고 살점을 발라내, 그 자리에서 허기진 배를 채웠다. 그렇게 해서 긴 사냥을 끝내고 동굴로 돌아갈 영양분을 우선 섭취했다.

다시 동굴로 돌아갈 채비를 하며, 무리에서 가장 힘이 센 두 발 생명체가 사냥한 고기를 어깨에 짊어졌다. 동굴에서 기다리는 동료들의 것이었다. 대장은 주변을 한번 둘러보았다. 그제야 시끄러운 라세티와 캔이 아까부터 보이지 않는다는 것을 깨달았다.

"다후, 어디시마?"

"나리나리. 다후, 기저라다야."

라세티와 캔은 사냥한 고기를 먹으러 오지도 못하고 아무렇게나 쓰러져 있었다. 눈이 수북하게 덮인 채.

"도라가다바!"

대장은 그렇게 외치고 라세티의 두 발을 잡고 질질 끌며 걸었다. 라세티의 배 위에서 기절한 캔도 함께.

6화

소중히 간직해

라세티와 캔이 번뜩 눈을 떴다. 동굴 안에는 탁탁 내리치는 소리가 울렸다. 고개를 돌려 보니, 두 발 생명체들이 뾰족하게 다듬어진 돌로 고기를 해체하고 있었다.

"우리 다시 동굴로 돌아왔나 봐."

"그러게……. 그럼 저건 사냥한 고기? 먹을 거?"

분명 조금 전까지 눈밭에서 이제 죽나 보다 생각했는데, 다시 따뜻한 동굴로 돌아왔다는 사실을 깨닫자, 라세티가 벌떡 일어나 앉았다.

에구구가 라세티와 캔의 몫으로 고기를 가지고 왔다.

"와~, 우리 것도 있구나!"

라세티는 입이 해쭉 벌어졌지만, 입맛이 까다로운 캔은 에구구가 건넨 선홍색 고깃덩어리를 받아 들고는 우웩, 하는 표정을 지었다.

"으, 이런 걸 어떻게 먹냐……."

캔의 불평에 라세티가 나섰다.

"내가 방법을 알려 줄게."

 라세티가 작대기에 고기를 꿰어 불에 굽자 연기와 함께 고기 익는 냄새가 피어났다. 라세티는 지글지글 구워지는 고기를 보며 행복해했고, 두 발 생명체들도 힘든 사냥을 끝내고 고기를 나눠 먹으며 만족스러운 시간을 보냈다. 아직 지구의 음식에 완벽히 적응하지 못한 캔만 빼고.
 "으으……, 넌 그런 게 정말 맛있냐?"
 캔은 라세티의 식성이 도저히 이해되지 않았지만, 라세티의 눈에는 고기를 거부하는 캔이 더 이상했다.
 "당연하지! 이건 쿠슬미도 반한 별미라고."

캔은 얼른 떨어진 고기를 주웠다. 사냥감 외의 먹을 것이 충분하지 않은 상황에서, 이 고기가 얼마나 귀한 건지 알고는 있었다. 단지 취향이 안 맞을 뿐이었다.

대장이 험상궂은 얼굴로 캔 옆으로 와 털썩 앉자, 캔은 대장의 심기를 거스르지 않으려고 최대한 애쓰며 말했다.

"하하. 이 고기가 소중한 건 알겠는데……, 나한테는 딴 거 주면 안 될까? 아! 나 과일은 무지 좋아하는데, 혹시 과일은 없니? 깨물면 아삭아삭하는 소리가 나는 거 말이야."

하지만 동굴 안에 과일이 있을 리도, 대장이 캔의 말을 알아들을 리도 없었다. 대장은 콧김을 내뿜으며 캔을 쨰려보았다. 캔이 라세티에게 도움의 눈빛을 보냈지만, 라세티는 시커멓게 익힌 고기를 우적우적 씹어 대느라 정신없었다.

뒤늦게 고기 맛을 알게 된 캔은 정신없이 고기를 입안으로 밀어 넣었다. 캔까지 고기 맛에 빠져들자, 라세티의 손은 더 바빠졌다. 한 손으로는 고기를 먹으면서도, 다른 한 손은 계속해서 모닥불에 고기를 구웠다.

동굴 안이 두 아우린의 환호성으로 시끌벅적하자, 두 발 생명체들도 하나둘 다가왔다. 특히 어린 생명체들이 두 아우린의 고기 굽기에 관심을 보였다. 라세티는 꼬치 하나를 에구구에게 내밀었다.

"에구구, 내가 고기 굽는 법을 알려 줄게. 잘 기억해 놨다가 너도 앞으로는 이렇게 구워서 먹어~"

에구구는 알았다는 듯 라세티가 준 꼬치를 들고 적극적으로 고기 굽기에 나섰다.

어느새 다른 어린 두 발 생명체들도 모닥불 주변에 모여들었다. 이미 라세티와 함께 고기 파티를 했던 터라, 이 상황이 위험하지 않다는 걸 알고 있었다.

하지만 지금 막 모닥불에 구운 고기는 에구구에게 위험했다. 에구구는 뜨거운 고기를 입에 넣었다가 놀라서 펄쩍 뛰어올랐다.

라세티가 얼른 고기를 후후 불어서 식혀 주며 말했다.

"조심해야지. 이렇게 하면 금방 먹을 수 있어."

대장이 유독 라이터에서 눈을 떼지 못했다.

"캔, 이거 대장한테 줘도 되지?"

"맘대로 해."

라세티는 고성능 라이터를 대장에게 건넸다.

"자, 선물이야. 이걸 사용해서 네 친구들을 따뜻하게 해 줘."

라이터를 들고 감탄하는 두 발 생명체들을 보니 라세티는 왠지 뿌듯해졌다.

"헤헤, 오늘은 지구에 와서 의미 있는 일만 하는 기분인데?"

대장은 라이터를 받자마자 신나게 등을 긁어 댔다. 딱딱하고 매끄러운 촉감이 마음에 든 모양이었다. 라이터의 진짜 사용법을 알아들었는지는 알 수 없었다.

"내 얘기를 하나도 안 들었잖아!"

라세티가 대장에게 다시 사용법을 설명하려고 하자, 캔이 말렸다.

"놔둬. 지금도 엄청 신나 보이는걸, 뭐. 언젠가는 자기들이 알아서 불을 만들겠지."

기뻐하는 두 발 생명체들의 웃음소리와 함께 라세티의 쓸쓸한 하루가 저물어 갔다.

에필로그

예상치 못한 손님

캔의 탐사일지

도대체 쿠슬미랑 관장님은 뭘 하길래 안 오는 거야?
하늘에 정말 교통 체증이라도 있는 건 아닐 텐데.

그 둘이 오려면 아직도 한참 남은 것 같으니,
그동안 나는 이번 탐사일지를 정리해야겠어.
라세티가 놀고 있는 동안에도 나는 이렇게 열심히 일한다니까.

지난번 털북숭이 생명체들을 만난 후에
우리는 지구의 이곳까지 이동했지.

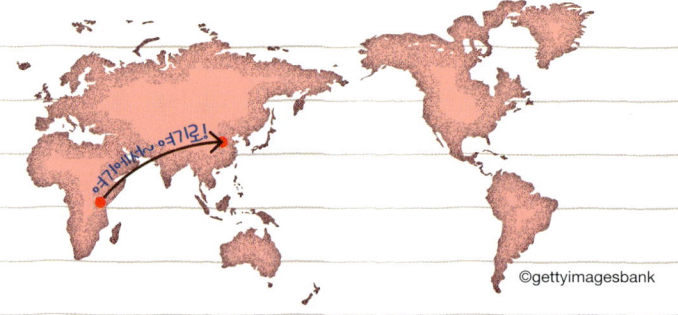

그리고 드디어! 정말 쿠라고 할 만한 두 발 생명체를 만난 거야.

위험도 보통 ●●○○

문착은 에구구 무리가 자주 사냥하는 동물이야. 별로 강해 보이지 않는 에구구 무리가 용감하게 사냥에 나서는 걸 보니, 위험한 동물은 아닌가 봐. 그렇게만 따지면 위험도는 낮음이지. 그것도 매~우 낮음!
하지만 문착을 사냥하는 건 아우린인 나와 라세티에게는 아주 위험한 일이었어. 눈 쌓인 벌판을 해가 지고 달이 뜰 때까지 달려서야 겨우 사냥에 성공했거든. 달리기 잘하는 동물을 사냥할 때는 자신의 체력을 잘 살펴야 해.

집게손을 닮은 특이한 모양의 뿔. 이 뿔 덕분에 바위 뒤에 숨어 있던 녀석을 찾아낼 수 있었음.

진짜 너~무 잘 뜀. 이 녀석이 지칠 때까지 뛰고 또 뛰었음.

문착
출현 시기: 3500만~1500만 년 전
지역: 동남 및 남부 아시아

위험도 알 수 없음 ????

사실 문착 말고도 에구구 무리의 사냥꾼들이 잡아 온 동물이 또 있었어. 이렇게 생긴 동물이었는데, 두 발 생명체들이 얘를 데리고 왔을 때 우리는 화난 녀석들을 달래느라 정신이 없어서 자세히는 보지 못했어.
라세티 손바닥만 한 몸에 작고 동그란 귀가 달린 녀석인데, 아우레에서 우리 옆집에 사는 '피쿠토'를 닮아서 이름은 **피카**라고 지어 줬지.

©gettyimagesbank

피카
출현 시기: 약 1640만 년 전
지역: 아시아 및 북아메리카 산속

호모 에렉투스

in 엄청 추운 지구

만난 시기: 150만 년 전   뇌 용적: 약 1,030cc

에구구와 에릭의 종족은 쿠인지 아닌지 많이 헷갈렸던 녀석들이야. 이전에 만났던 루시나 털북숭이들보다도 훨씬 더 말이야. 그런데도 쿠가 에구구의 종족이 아닌 이유를 내가 아주 정확하고 꼼꼼하게 정리한 데이터로 보여 줄게.

쿠와 에구구가 가장 다른 건 이 녀석들의 두개골 모양이야.

에구구의 종족은 이마가 납작하고 입과 눈썹 부분이 튀어나온 두개골을 가졌어. 이건 쿠보다는 루시나 털북숭이 생명체와 더 비슷한 모습이지.
그리고 불을 만들지 못한다는 거. 이 녀석들은 불을 처음 보는 것 같진 않았어. 하지만 불을 만드는 법은 모르더라고. 쿠라면 단번에 불을 피웠을 텐데 말이야.

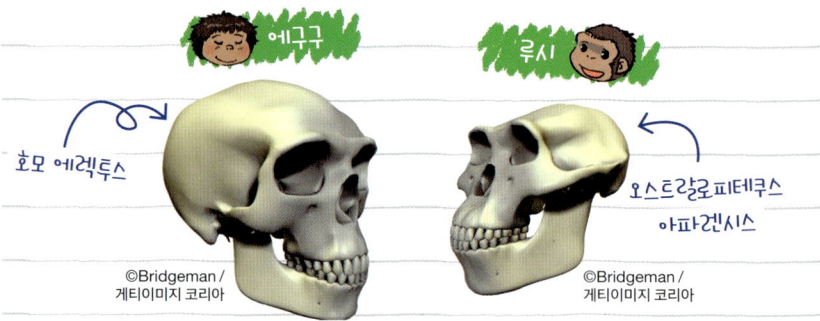

에구구 / 루시

호모 에렉투스

오스트랄로피테쿠스 아파렌시스

©Bridgeman / 게티이미지 코리아

©Bridgeman / 게티이미지 코리아

루시에 비하면 에구구가 머리는 훨씬 크고, 턱은 작고 또 짧아. 심지어 뇌 용적은 에구구가 루시의 두 배 정도 커.

하지만 관장님은 입과 눈썹뼈가 튀어나오고, 이마는 낮은 두개골을 가진 게 둘의 공통점이라면서, 바로 그 점 때문에 둘 다 쿠가 아니라고 하셨어.

사실 쿠와 닮은 점도 엄청나게 많아.

먼저, 우리가 가장 처음에 본 눈! 이전의 두 발 생명체들과 달리 에구구의 눈은 흰 부분과 검은 부분이 분명하게 나뉘어 있었어. 관장님도 쿠를 생각하면 선명한 눈동자가 떠오른다고 하셨거든. 에구구가 쿠와 같은 눈을 가졌다는 뜻이지!

그리고 에구구의 종족은 몸에 털이 많지 않아. 그 대신 추위를 피하기 위해서 사냥한 동물의 가죽을 담요처럼 두르고 다니더라고. 온몸이 털로 덮여 있던 털북숭이들과는 완전히 다르지?

말을 한다는 점도 비슷해. 루시와 털북숭이들도 자기들끼리 의사소통은 했지만, 그건 다른 동물들도 하는 정도였어. 하지만 에구구의 종족은 서로 자유롭게 대화해. 지금 우리가 그들의 말을 이해하진 못해도, 언젠가 내 번역 기능으로 의사소통이 가능해질 거야!

흰자가 보이는 눈

눈에 흰자가 보인다는 게 어떤 의미인지 알아? 바로 의사소통에 눈빛을 사용할 수 있다는 거야. 상대가 나를 째려보는지, 온화하게 쳐다보는지, 눈빛만 봐도 알 수 있거든.

루시 무리의 눈은 까맣기만 해서 어딜 보는지 알 수가 없었는데 말이야.

더 정교해진 석기

호모 에렉투스들은 전보다 더 날카롭게 다듬은 돌조각과 튼튼하고 긴 두 다리로 사냥을 했어.

이건 녀석들이 쓰던 석기.

©Editor at large / Wikimedia Commons

이번 지구는
흰 눈투성이에,
엄청 춥고 힘들어!

하지만 에구구 무리는 이런
환경에서도 잘 적응하고 있었어.
먹을 것을 얻기 위해 달리고 또 달려서 짐승을 사냥하고,
몸의 털 대신 사냥한 동물의 가죽으로 몸을 따뜻하게 했어.
산불처럼 자연적으로 만들어진 불을 활용하기도 하고 말이야.
나처럼 스캔 능력이 있는 것도 아니고, 라세티처럼 따뜻한 털이 있는 것도 아니고,
쿠슬미의 쭉 늘어나는 촉수나 관장님의 똑똑한 두뇌가 있는 것도 아닌데,
이렇게 잘 적응한 게 정말 대단하지?

추위도 녹여 버릴 귀염둥이의 탄생!

그래도 이번 모험이 마냥 힘들지만은
않았던 건 귀여운 에릭 덕분일 거야.
에릭이 태어나는 모습을 보는 건
정말 신비로운 경험이었어.
고통으로 괴로워하는 엄마 생명체를 봤을 땐 겁이 났지만,
그렇게 태어난 에릭의 쪼글쪼글, 불긋불긋한 얼굴은 어찌나 귀엽던지.
다른 녀석들이 엄마 생명체 곁에서 출산을 돕던 모습은 참 인상적이었어.
동료를 위해 힘든 사냥에도 나서고 말이야.

그래서 이 약해 보이는 지구 생명체들이 추운 날씨에도
잘 버텨 나가고 있는 것 같아. 서로서로 도와주니까!

참! 중요한 얘기를 까먹을 뻔했네.
에구구 무리의 언어에 대해서 말이야.
호모 에렉투스라고 하는 이 두 발 생명체들의 말소리는 정말 특이했어.
4만 가지 우주 언어를 알고 있는 나조차도 처음 들어 보는 소리였거든.

우리가 숨을 쉴 때는 쓰읍~ 하는 들숨과 후우~ 하는 날숨이 있잖아.
이들은 날숨을 제대로 조절하지 못하는 것 같았어.
관장님은 얘들이 호흡에 필요한 가슴 근육을 제어하는 걸
힘들어하는 것 같다고 하시더라.
어쨌든 이 말소리는 직접 들어 본 외계인이 아니면 상상도 할 수 없고,
어떤 우주 언어로도 정확히 적을 수 없는 정말 특이한 소리야.
라세티의 고모, 라마즈가 개발한 푸후아 호흡법보다 더 독특하달까?

'무슨 소리야? 나는 지금까지 에구구의 말을 잘만 읽었는데? 순 엉터리야!'
지금 속으로 이렇게 생각했지?
너희가 에구구의 말을 쉽게 읽을 수 있는 건 내가 수만 개의 우주 언어를 비교해서
최대한 에구구 무리의 언어와 비슷하게 번역한 덕이라고!
이 엄청난 번역으로도 에구구의 언어를 완벽히 표현해 내진 못했지만 말이야.

그래서 말인데, 너희가 도와줄 게 한 가지 있어.

내 뛰어난 능력과 눈치로 에구구가 한 말의 뜻을 거의 다 알아냈단 말이지.

예를 들어, "다후"는 라세티를 부르는 말이야.

왜 그렇게 부르는진 나도 잘 모르겠지만….

(이따가 라세티의 이름을 정확히 소개해 줘야겠어.)

그런데 딱 한마디, 아직도 해석하지 못한 말이 있어. 바로 에구구가 호들갑을 떨며 라세티에게 했던 이 말이야.

리시냐오다레!

도대체 이건 무슨 뜻이었을까?

답을 알 것 같은 미래의 외계인은 웜홀 통신으로 과거의 우리에게 알려 줘.

우리가 있는 시공간의 좌표인 $\infty \int\!\!\int \phi.162.\delta\Delta\xi.999$로 보내면 돼!

힌트

이 말은 라세티가 에구구에게 말한 것이다.
라세티의 이름 뒤에 어떤 말이 붙어 있고, 중요한 미션이 담겨 있다.
이 말은 에구구가 처음 말한 단어가 아니다.

아~ 모르겠어~ 아~ 답답해~
아~ 알 듯 말 듯해~ 아~ 라세티의 이름 뒤에 붙어 있는 말은 뭐~

으악! 갑자기 소름이…!

축축하고 어두운 동굴에 있어서 그런지 몰라도, 아까부터 이상한 기분이 들어.
가방끈도 끊어지고, 느낌이 안 좋아.

특히 나쁜 일이 일어나기 직전엔 내 직감이 거의 적중하던데,
왠지 다음 모험에도 심상치 않은 일이 벌어질 것 같아.
아까부터 "도…망…쳐…!"라고 내 부러진 안테나가 말해 주는 것 같다고!

잠깐! 지금 안테나가 뭐라고 더 말하고 있어.
뭐? 다음 모험은 이미 시작됐다고? 쿠슬미와 관장님이…
우리를 두고 지구를 떠날 수도 있다고?! 그것만은 절대 안 돼!

도대체 우리한테 무슨 일이 벌어지려는 걸까?
다음에 만날 때까지 너희도 우리가 안전하길 기도해 줘!
그럼 나는 빨리 도망쳐야 해서, 이만!

다음 모험도 제발 무사히 끝나길!

정재승의 인류 탐험 보고서

3 달려라, 호모 에렉투스!

글 차유진 정재승
그림 김현민
감수 백두성
사진 게티이미지 코리아, getty images bank, Wikimedia Commons

1판 1쇄 인쇄 2022년 3월 10일
1판 1쇄 발행 2022년 3월 23일

펴낸이 김영곤
융합1본부장 문영 **기획편집** 정유나 이신지 **디자인** 한성미
마케팅영업본부장 변유경 **마케팅팀** 김영남 이규림 고아라 이해림 최예슬 황혜선 원정아
아동영업1팀 이도경 오다은 김소연 **아동영업2팀** 한충희 오은희
제작 이영민 권경민

펴낸곳 ㈜북이십일 아울북
출판등록 2000년 5월 6일 제406-2003-061호
주소 (10881) 경기도 파주시 회동길 201(문발동)
대표전화 031-955-2100 **팩스** 031-955-2177
홈페이지 www.book21.com

ⓒ 정재승·김현민·차유진, 2022
이 책을 무단 복사·복제·전재하는 것은 저작권법에 저촉됩니다.

ISBN 978-89-509-9652-9 74400
ISBN 978-89-509-9649-9 74400 (세트)

책값은 뒤표지에 있습니다.
잘못 만들어진 책은 구입하신 서점에서 교환해 드립니다.

- 제조자명 : ㈜북이십일
- 주소 및 전화번호 : 경기도 파주시 문발동 회동길 201(문발동) / 031-955-2100
- 제조연월 : 2022.3.23.
- 제조국명 : 대한민국
- 사용연령 : 3세 이상 어린이 제품

너와 나, 우리들의 마음을 이해하게 도와줄
첫 번째 뇌과학 이야기
정재승의 인간 탐구 보고서 (1~8권)

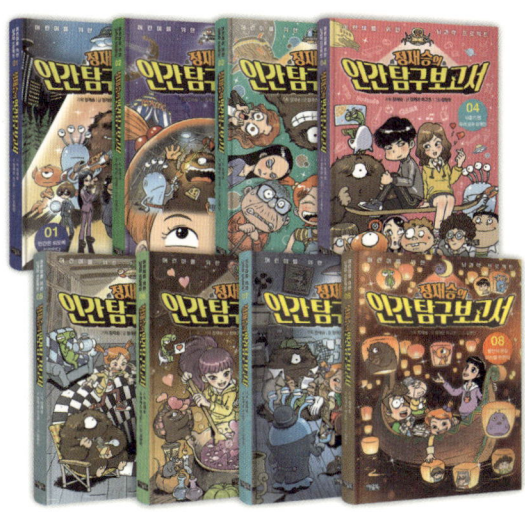

❶ 인간은 외모에 집착한다
❷ 인간의 기억력은 형편없다
❸ 인간의 감정은 롤러코스터다
❹ 사춘기 땐 우리 모두 외계인
❺ 인간의 감각은 화려한 착각이다
❻ 성은 우리를 다르게 만든다
❼ 인간은 타고난 거짓말쟁이다
❽ 불안이 온갖 미신을 만든다

지구인들, 이렇게 진화했군!
부록만 봐도 어떤
생명체인지 알겠어.

인류의 과거와 현재를 이어 줄
아우린들의 시간 여행!
정재승의 인류 탐험 보고서 (1~3권)

고고학적 사실과 과학적 상상력의
특별한 만남!
인류학 탐정이 되어 오래전
호미닌의 모험을 함께해 보세요!

❶ 위대한 모험의 시작
❷ 루시를 만나다
❸ 달려라, 호모 에렉투스!

지구인, 과거부터
파헤쳐 주겠음!